Hanna alleine

Herausgegeben von der Initiative Mindcolors,
www.mindcolors.de
Dies ist ein Buch aus der Reihe MindOlino,
www.mindolino.de

Nina Schmidt wurde 1981 im Münsterland geboren. Nach ihrer Ausbildung als Erzieherin hat sie angefangen, als Familienberaterin und Autorin zu arbeiten. Als Betroffene von Trennungs- und Verlustängsten ist es ihr wichtig, die Erkrankung mehr in Fokus der Öffentlichkeit zu bringen. Dies brachte sie dazu, die Geschichte über Hanna zu schreiben.

Paula Kuitunen wurde 1983 in Finnland geboren. Sie leitet die Initiative Mindcolors (www.mindcolors.de), die sich für die Rechte und Entstigmatisierung von Menschen mit psychischen Erkrankungen einsetzt. Sie schreibt und illustriert Kinderfachbücher über psychische Beeinträchtigungen und hat für dieses Buch die Organisation, Layout sowie das Schreiben des Fachteiles mit übernommen.

Sören Kuitunen-Paul wurde 1985 im Vogtland geboren. Er lebt mit seiner Frau Paula in Dresden und forscht als Psychologe zur psychischen Störungen bei Kindern, Jugendlichen und Erwachsenen und hat den Fachteil des Buches mitverfasst. Die Entstigmatisierung psychischer Erkrankungen ist ihm ein persönliches Anliegen. Er ist Mitbegründer der Initiative Mindcolors.

Uta Ehlers wurde 1966 in Rostock geboren, lebt und arbeitet seit mehr als 20 Jahren in Bad Doberan als freischaffende Malerin, Grafikerin und Illustratorin. Besonders viel Freude bereiten ihr Illustrationen für Kinderbücher. Das Thema dieses Buches war ihr eine Herzensangelegenheit und neue Erfahrung zugleich.

Nina Schmidt, Uta Ehlers, Sören Kuitunen-Paul & Paula Kuitunen

Hanna alleine

Ein Kinderfachbuch über Trennungsangst

Mit einem Fachteil mit Hintergrundinformationen

dgvt Verlag

Tübingen
2022

Kontaktadresse
E-Mail: info@mindcolors.de

Bibliografische Information der Deutschen Nationalbibliothek
Die Deutsche Nationalbibliothek verzeichnet diese Publikation in der Deutschen Nationalbibliografie; detaillierte bibliografische Daten sind im Internet über http://dnb.d-nb.de abrufbar.

© 2022 dgvt-Verlag
Hechinger Straße 203
72072 Tübingen

E-Mail: mail@dgvt-verlag.de
Internet: www.dgvt-verlag.de

Gestaltung & Satz: Julia Franke, Tübingen
Druck und Bindung: CPI books GmbH, Leck

ISBN 978-3-87159-164-8

Inhalt

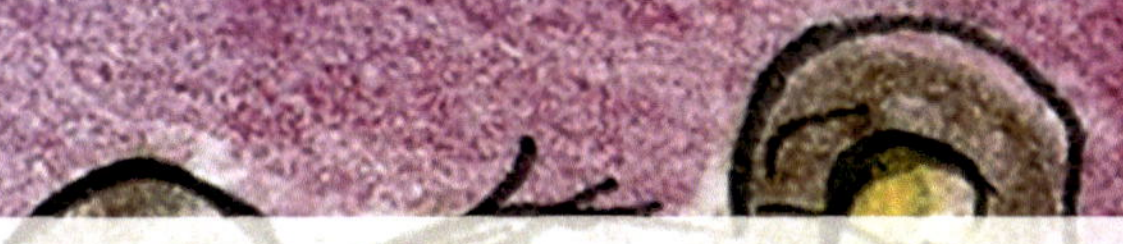

Liebe Leserinnen und Leser,

wenn eine Trennungssituation zum Hindernis für eine normale Lebensführung wird und Leid verursacht, handelt es sich um eine Erkrankung. Trennungsangst ist eine der häufigsten psychischen Beeinträchtigungen im Kindesalter.

Wie auch körperliche Erkrankungen sollen psychische Erkrankungen wie Trennungsangst ernst genommen werden. Leider führen solche „nicht sichtbaren" Beeinträchtigungen immer noch zu Vorverurteilungen (sogenannte Stigmata): Die Betroffenen und ihre nahestehenden Personen erleben Unverständnis und schämen sich für die Erkrankung. Oft wird aus diesem Grund erst sehr spät Hilfe geholt.

Wir von der Initiative Mindcolors setzen uns dafür ein, dass gegenüber psychischen Beeinträchtigungen eine offene und akzeptierende Haltung entwickelt wird. Durch das Buch „Hanna alleine" wollen wir dazu ermuntern, über Ängste und Leiden offen zu sprechen, diese anzunehmen und gemeinsam eine inklusive und akzeptierende Zukunft zu erschaffen.

Dresden, März 2022

Paula Kuitunen
Angstberaterin
und Leiterin der Initiative Mindcolors
(www.mindcolors.de)

Sören Kuitunen-Paul
Dr. Dipl.-Psych.

Besuchen Sie gern die Seite unserer Bücherreihe, um weitere entstigmatisierende Kinderfachbücher über psychische Beeinträchtigungen zu entdecken.

„Hanna, kommst du bitte!“
Mamas Stimme klang laut bis in Hannas Zimmer.
Hanna saß mit ihrem Hund Bonnie auf dem Bett
und Tränen liefen über ihr Gesicht.
„Bonnie, weißt du was?“ flüsterte Hanna leise in Bonnies weiches Fell.
„Ich möchte nicht in die Schule gehen. Ich möchte nirgendwo hingehen.
Ich möchte hier bei dir, Mama und Piet bleiben.“

Piet war Hannas kleiner Bruder und erst ein halbes Jahr alt.
Vorher gab es Mama, Papa, Hanna und Bonnie. Und jetzt noch Piet.
Hanna mochte ihn. Er war noch so klein und süß.

Mama ging jetzt nicht mehr arbeiten und war mit Piet zu Hause.
Und da wollte Hanna nun auch bleiben.
Bei Mama und Piet. Und nicht allein in die Schule gehen.

Hanna weinte noch mehr, als sie daran dachte, dass Mama sie gleich aus ihrem Zimmer abholen und zur Schule bringen würde.
„Ach Bonnie“, sagte Hanna. „Wenn ich dich doch mitnehmen könnte.“
Dann ging die Tür auf und Mama steckte ihren Kopf in das Zimmer.

Hanna konnte sehen, dass Mama ziemlich wütend war.
„Hanna, ich habe dich jetzt ganz oft gerufen und du trödelst hier rum
und knuddelst den Hund. Wir müssen jetzt los,
die Schule wartet nicht auf dich!
Sag mal, hast du geweint?“

„Ich will nicht zur Schule, ich will hier bei Piet, Bonnie und dir bleiben. In der Schule bin ich allein!"

Mama seufzte. „Hanna, du bist nicht allein. Alle Kinder gehen in die Schule. Jetzt stell dich mal nicht so an. Du bist kein kleines Kind mehr. Du gehst in die Schule und damit ist es jetzt gut. Deine Lehrerin Frau Meyer hat auch gesagt, dass du dich in der Schule so zickig anstellst und geweint hast, als ihr letzte Woche in einen anderen Klassenraum umziehen solltet. Du könntest dich mal ein bisschen mehr zusammenreißen! Und jetzt setz Bonnie runter. Zieh dich an, wir müssen los."

Mama nahm Bonnie von ihrem Schoß und beobachtete, wie Hanna anfing sich anzuziehen. Als sie fertig war und Mama sie an die Hand nahm, fing ihr Bauch ganz feste an zu grummeln und tat furchtbar weh. „Ich muss noch schnell aufs Klo", rief Hanna, riss sich von Mama los und rannte ins Badezimmer.

Natürlich kam Hanna an diesem Morgen zu spät zur Schule.
Mama brachte sie mit Piet im Kinderwagen direkt bis in die Klasse.
Frau Meyer gab den Kindern eine Malaufgabe und verschwand mit Mama im Flur.

„Na, Heulsuse!" Ben lachte laut. „Musste die Mami dich in die Schule bringen? Kann die kleine Hanna noch nicht allein laufen? Und ist das Erdbeermarmelade im Gesicht, oder hast du wieder geheult, als Mami gegangen ist?"
Er freute sich, als sich wieder Tränen in Hannas Augen sammelten.
„Da! Sie heult schon wieder los!
Wusste ich's doch, du bist eine Heulsuse!"

Hanna sprang auf und lief zur Tür. Als sie auf den Flur trat, hörte sie, wie Frau Meyer zu Mama sagte: „So geht das nicht weiter! Hanna weint fast jeden Morgen, wenn sie zur Schule kommt, und wenn sich etwas ändert, dann auch. Letzte Woche war ich zwei Tage krank und Hanna hat bei meiner Kollegin kein Wort gesagt, aber immer wieder geweint und gefragt, wann sie nach Hause kann.“„Mama!“ Hannas Stimme war laut und Tränen liefen über ihr Gesicht. „Ich will mit Piet und dir nach Hause! Bitte! Ich möchte nach Hause gehen! Nimm mich wieder mit, ja?“

Hanna weinte nicht nur laut, ihr Schluchzen war bis in den Klassenraum zu hören.
„Das hast du ja großartig hinbekommen, Ben“, sagte Franzi.
„Die heult doch wirklich immer“, mischte sich Ute ein.
„Die hat keinen Bock auf Schule und dann heult sie und darf nach Hause.“
„Siehste“, sagte Ben. „Da läuft sie mit Mami über den Schulhof und darf nach Hause.“

Am nächsten Morgen lag Hanna in ihrem Bett
und alles drehte sich um sie herum.
„Hanna, aufstehen.“ Papa steckte den Kopf durch die Tür
und Bonnie kam hereingerannt, hüpfte auf Hannas Bett
und schleckte ihr durch das Gesicht.

„Ich kann nicht aufstehen, alles dreht sich.
Mir ist schlecht und ich kann gar nicht richtig gucken.“
Hanna begann zu weinen.
Sie hatte Angst, da sich alles in ihrem Kopf drehte.
Dann kam auch Mama ins Zimmer
und Papa schaute sie ratlos an.

„Ich nehme mir heute von der Arbeit frei
und fahre mit Hanna zu Doktor Niemann.
Der soll sie mal gründlich untersuchen.
Es ist doch gar nicht gut,
dass ihr jetzt so schwindelig ist.“

Papa ging aus Hannas Zimmer und Bonnie
legte sich auf ihr Bett.
Hanna hörte, wie Papa mit seinem Chef
und der Kinderarztpraxis telefonierte.
Sie kuschelte sich mit Bonnie in das Bett
und der Schwindel war plötzlich weg.
Alle waren heute zu Hause:
Mama, Papa, Piet, Bonnie und sie!
Was für ein toller Tag!

Hanna stand von allein auf und zog sich an,
um zum Frühstück in die Küche zu gehen.

„Hanna, was machst du denn hier?“
Mama schaute sie verwundert an.
„Dir ist doch schwindelig,
warum bist du nicht im Bett geblieben?“

„Geht schon wieder besser“, sagte Hanna
und fing an zu frühstücken.

CORNY

Kurz vor 10 Uhr kam Papa zu Hanna, um ihr zu sagen, dass sie nun zum Arzt fahren würden. Hanna lief die Treppe runter und schaute zu Mama ins Wohnzimmer, die mit Piet auf dem Boden saß und mit ihm spielte. „Mama, wir müssen los. Kommt ihr?“ „Hanna, Piet und ich bleiben hier. Papa fährt doch mit dir zu Doktor Niemann.“

Hanna schossen Tränen in die Augen und sie rannte zu Mama.
„Du sollst auch mitkommen und Piet auch."
Ihr wurde plötzlich wieder ganz schwummerig im Kopf.
Alles drehte sich und sie musste sich am Sofa festhalten.

Papa trug Hanna zum Auto und auch
in die Praxis von Doktor Niemann.

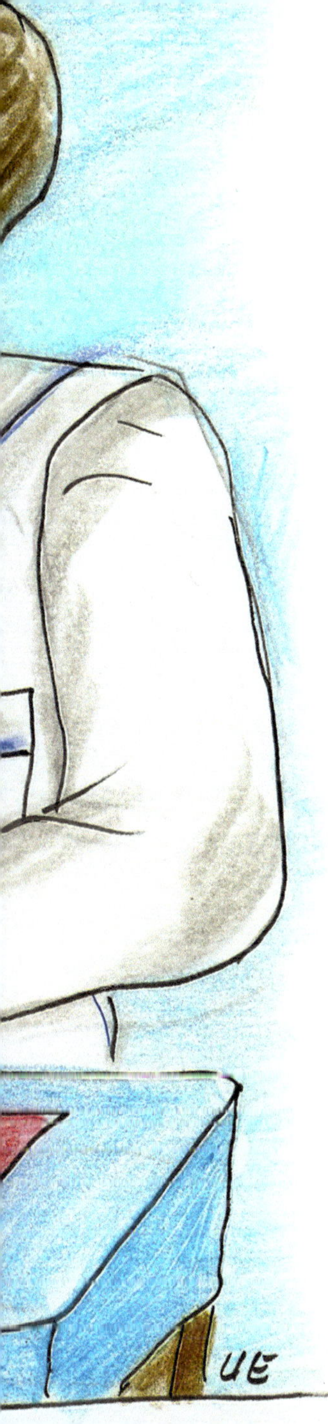

Hanna sagte kein Wort,
als Doktor Niemann sie untersuchte.

„Ich kann keinen Grund für Schwindel
und Bauchschmerzen feststellen“,
sagte Doktor Niemann.
„Ich überweise sie an einen Spezialisten.
Ich rufe direkt an und mache einen Termin
für sie aus. Dann geht es schneller.“

Und so saß Hanna noch am gleichen Tag bei Doktor Winter in der Praxis. Überall standen Geräte rum, die Hanna noch nie gesehen hatte. Ängstlich kuschelte sie sich auf Papas Schoß. Sogar Mama und Piet waren mitgekommen. Mama hatte ein besorgtes Gesicht gemacht, als Papa ihr erzählt hatte, dass sie am Nachmittag zum „Facharzt“ mussten, wie Doktor Niemann gesagt hatte.

Doktor Winter war nett und untersuchte Hanna ganz genau.
Es gab sogar eine Mütze aus Fäden auf Hannas Kopf, an der ganz viele dünne Kabel hingen, die mit einem Computer verbunden waren. Da konnte der Arzt schauen, ob Hannas Gehirn richtig arbeitete oder ob etwas nicht in Ordnung war und sich bei Hanna deshalb alles drehte.

„Ihre Tochter ist kerngesund."
Doktor Winter freute sich, als er Hannas Eltern das sagte.
„Ich verstehe nicht, warum ihr schwindelig ist. Ich konnte nichts finden.
Vielleicht hat sie einfach keine Lust, zur Schule zu gehen.
Seien sie einfach ein bisschen strenger mit ihr."

In Hannas Kopf drehte sich wieder alles.
Ihr war doch wirklich immer schwindelig und sie würde gerne zur Schule gehen.
Ihre Freundinnen Emma und Franzi gingen in ihre Klasse
und die Lehrerin war auch so nett und machte immer tolle Sachen mit ihnen.
Hanna hielt sich an Papas Arm fest, als sie zum Auto gingen.

Abends konnte Hanna nicht einschlafen.
Sie lag in ihrem Bett und kam sich ganz einsam vor.
Tränen liefen über ihr Gesicht.
Jetzt lag sie allein im Bett – und was noch viel schlimmer war:
Morgen sollte sie wieder zur Schule gehen.
Hanna nahm ihren Kuschelhasen
und lief zu Mama und Papa ins Wohnzimmer.
Eingekuschelt auf Papas Arm, schlief sie sofort ein.

Am nächsten Morgen ging Hanna wieder nicht zur Schule. Sie hatte so stark Bauchweh und ihr war so schwindelig. Mama sagte, dass sie dann aber später wenigstens mit einkaufen gehen müsse. Hanna ging es gleich besser.

Sie konnte mit Mama und Piet einkaufen gehen und dann waren sie alle zusammen. Außer Papa, der war arbeiten. Aber Hanna konnte bei Mama bleiben und vielleicht durfte sie ja auch das Mittagessen aussuchen.

Im Supermarkt versuchte Hanna gerade, ihre Mama zu Spaghetti mit Tomatensauce zu überreden, als die Mama von Paul mit dem Einkaufswagen um die Ecke gebogen kam. Paul war mit Hanna in den Kindergarten gegangen, aber dann in eine andere Schule gekommen.

NUR
0,99
Lecker!

„Hey Hanna, hast du heute keine Schule?"
Pauls Mama ging vor ihr in die Hocke.
Hanna verschwand hinter Mama.
„Hanna, hol doch schon mal ein paar Spaghetti bitte."

Missmutig stapfte Hanna los.
Aber für ihr Lieblingsessen blieb ihr nichts anderes übrig.

Hannas und Pauls Mama haben sich lange unterhalten.

„Mama ist Kinderpsychologin“, hatte Paul ihr mal erzählt.
Was das genau ist, wusste Hanna nicht.
Paul hatte ihr aber erzählt, dass sie ein ganz tolles Zimmer
in ihrem Haus hat, das voll mit Spielzeug ist,
und dass da Kinder spielen dürfen, denen es nicht so gut geht.
Kinder, die ganz doll traurig sind oder Angst haben
oder viel wütender werden können als andere Kinder.

Zwei Tage später saßen Mama, Piet und Hanna
in diesem Spielzimmer. Pauls Mama, Marie, unterhielt sich
erst mit Mama und dann spielte sie mit Hanna
und dem großen Puppenhaus.

Hanna spielte das Kind und Marie die Mama.
Das Kind sollte allein zur Schule gehen und das klappte
aber gar nicht, weil das Puppenkind seine Mama
nicht allein lassen wollte und ihm
dann schwindelig wurde.

Hanna schaffte es, Marie zu erzählen, dass sie eigentlich gerne
zur Schule gehen wollte, aber dann immer traurig wurde
und ganz feste Angst bekam, wenn sie nicht bei ihrer Mama bleiben konnte.
Es könnte sein, dass Mama vergaß sie abzuholen
oder dass ihr etwas passierte und Hanna dann allein bleiben müsste,
weil Papa nicht wüsste, wo sie gerade war.

Marie sah Hanna an und sagte ihr, dass sie ihr nun helfen würde.
Dass sie wieder in die Schule würde gehen können,
ohne dass sie solche starke Angst haben muss
und dass es ihr nicht gut geht.

Hanna ging nun zwei Mal die Woche
zu Marie ins Spielzimmer
und Marie kam auch am ersten Tag
mit in die Schule. Sie erklärte den anderen
Kindern, warum Hanna keine „Heulsuse“
ist und dass Hanna eine Krankheit hat,
die man aber nicht sehen kann.

Helfen

„Wenn einer von euch ein Bein gebrochen hat,
dann bekommt er einen Gips. Bei Hannas Krankheit
ist das nicht so leicht. Man kann die Krankheit nicht sehen
und man kann auch nicht einfach einen Gips darum machen.
Aber trotzdem ist die Krankheit da und es ist toll,
dass Hanna nun zu mir kommt und ich ihr helfen kann,
dass sie wieder mit euch in die Schule geht.
Und ihr könnt ihr auch helfen, indem ihr nicht lacht,
wenn Hanna weint und nach Hause will, sondern ihr helft,
mit der Angst umzugehen".

Und das taten die anderen Kinder dann auch.
Ben machte lustige Grimassen, um Hanna zum Lachen zu bringen,
wenn sie anfing zu weinen, weil sie ihre Mama vermisste.

Fanny kam jeden Morgen bei Hanna vorbei, um sie abzuholen.
Sie nahm ihre Hand, wenn Hanna ihrer Mama Tschüss sagen musste.
Mit den anderen Kindern und Maries Hilfe wurde es immer besser.
Hanna hatte keine Bauschmerzen mehr und schwindelig
war ihr auch nur manchmal ein kleines bisschen. Keiner lachte sie mehr aus.

Nach ein paar Wochen schaffte Hanna es sogar,
einen Nachmittag bei Paul zu spielen.
Sie wusste ja, dass Marie auch da war, auch wenn sie
gerade in ihrem Spielzimmer mit einem anderen Kind spielte.

„Was für ein Glück, dass Marie mir geholfen hat!“ dachte Hanna.
„Es ist so gut, dass es tolle Kinderpsychologinnen wie Marie
mit einem gemütlichen Spielzimmer gibt. Sie hat immer gewusst
was ich brauche, mir gut zugehört und mich langsam ermuntert,
sodass ich mich wieder mehr getraut habe.
Ohne zu drängeln, eben.
In meinem eigenen Tempo“.

Fachteil mit Hintergrundinformationen zur Störung mit Trennungsangst

Die Angstberaterin (DGOB) Paula Kuitunen und der Psychologe Dr. Sören Kuitunen-Paul beantworten Ihre Fragen

Es gibt viele Kinder, die Hannas Probleme teilen: Trennungsangst ist eine der häufigsten psychischen Beeinträchtigungen[1] in jungen Jahren. Eine behandlungsbedürftige Trennungsangst zeigen etwa 1 bis 5 % aller Kinder und 1.6 % aller Jugendlichen. Obwohl Mädchen häufiger eine Angststörung entwickeln, ist dies im Fall der Störung durch Trennungsangst ausgeglichen – Mädchen und Jungen sind etwa gleichhäufig betroffen. Trennungsangst kann in der gesamten Kindheit und Jugend entstehen, häufig im Alter von etwa sieben Jahren. Es kommt aber auch oft vor, dass Trennungsangst erst im Erwachsenenalter ausbricht. Etwa die Hälfte aller Betroffenen (43.1 %) erkrankt erst nach dem 18. Lebensjahr. Etwa eine*r von einhundert Erwachsenen (0.9 bis 1.9 %) leidet unter Trennungsangst.

Warum bekommt Hanna Angst?
Was rät man Eltern und anderen Bezugspersonen in dieser Situation?

Sören: Lesen Sie sich dazu in Ruhe die folgenden Fragen und Antworten durch. Hier werden die Erkennungszeichen (Symptome) ebenso beschrieben wie typische Verläufe der Trennungsangst, eventuell auftretende Begleiterkrankungen (Komorbiditäten), Entstehungsbedingungen, Behandlungsmöglichkeiten, Möglichkeiten zur Vorbeugung sowie Tipps für den Umgang mit betroffenen Kindern und Jugendlichen.

[1] auch Krankheit oder Störung genannt

Am Ende dieses Fachteils stehen Internetadressen zu hilfreichen Webseiten und Organisationen. Dort finden Sie auch weiterführende Informationen zum Thema Trennungsangst bei Kindern und die Literatur, die diesem Fachteil zugrunde liegt. Zur besseren Orientierung gehen wir auf einige Fragen von Betroffenen und ihren Eltern ein. Die Fragen sind im Text **hervorgehoben.**

Gut zu wissen für Bezugspersonen von Betroffenen: Ja, Trennungen sind schmerzvoll und schwierig. Gleichzeitig kann Ihr Kind schon ab drei Jahren lernen, solche Lebensaufgaben zu bewältigen. Damit wächst Ihr Kind und gewinnt neues Selbstbewusstsein!

Erkennungszeichen: Von der Angst zur Angststörung

Sören: Das Hauptmerkmal der Störung mit Trennungsangst ist eine starke Angst, wenn eine Trennung passiert. Trennung bedeutet, dass sich die Betroffenen von einer wichtigen Person entfernen sollen oder diese weggeht. Die Angst zeigt sich dann in ganz bestimmten Gedanken (z. B. „Ich werde allein sein!" oder „Etwas Schlimmes wird passieren!"), Körperempfindungen (z. B. Zittern, schnellerer Herzschlag, Klos im Hals, zugeschnürte Brust) und/oder im Verhalten (z. B. festklammern, weinen, schreien).

Diese Angstreaktion ist für sich genommen etwas ganz Normales, zumindest im Alter von unter zwei Jahren. Kinder in diesem Alter zeigen sehr oft solche Angst, wenn die Bezugsperson (wie Eltern, Großeltern etc.) sich entfernt. Damit sorgen die Kinder sozusagen selbst dafür, dass sich diese Person fortwährend um sie kümmert und ihre Bedürfnisse wahrnimmt. Wenn sich das Kind dann beruhigt, erleben dies die Bezugspersonen als befriedigend und die Bindung zwischen Kind und Bezugsperson wird gestärkt. Mit etwa ab dem 18. Monat gewöhnen sich die Kinder typischerweise besser an Trennungssituationen und die Angst lässt nach oder kommt seltener.

Warum ist es normal, Angst zu haben?

Sören: Trennungsängste sind nur ein Beispiel für Ängste im Allgemeinen. Sie alle haben gemeinsam, dass sie sehr schnell auftreten können, fast automatisch. Die entstandene Angst aktiviert den Körper und macht uns wachsam. So können Menschen auf eine Bedrohung schnell und kraftvoll reagieren, indem sie kämpfen oder weglaufen.

So zumindest in der freien Wildbahn, wenn uns früher ein Säbelzahntiger bedroht hat. Diese natürliche Hilfe in schwierigen Situationen sicherte damals unser Überleben und erhöhte auch den Gruppenzusammenhalt, etwa wenn schreiende Kleinkinder ihre Eltern dazu gebracht haben, sich um sie zu kümmern. Im 21. Jahrhundert sind starke Ängste mitunter hinderlich, besonders wenn unser Umfeld erwartet, dass wir die angstauslösende Situation trotz Ängsten aushalten sollen. Je nach Kultur können sich die Vorstellungen dazu unterscheiden, wann Kinder z. B. alleine schlafen sollen, und daher gibt es auch unterschiedliche Zeitfenster, wann eine Trennung erwartet wird.

Paula: Solche Vorstellungen sind veränderbar. Sie gehen oft Hand in Hand mit allgemeinen Empfehlungen der Fachleute. Ein Beispiel davon wäre die heute zum Glück schon veraltete Einstellung „Schreien stärkt die Lungen“: Die Wissenschaft entwickelt sich und somit auch die Empfehlungen des Fachpersonals sowie kulturelle Regeln.

Ist Hannas Angst unproblematisch?

Sören: Hannas Angst ist nicht typisch für ihr Alter, sondern wird als „unangemessen" stark und „unangemessen" für ihr Alter betrachtet. Die meisten Gleichaltrigen erleben eine so starke Angst bei Trennungen nicht oder nicht regelmäßig. Hanna leidet offensichtlich sehr unter der Angstreaktion.

Paula: Die Angst schränkt sie deutlich ein und hindert sie daran, ihren Alltag unbeschwert zu erleben. In diesem Fall liegt eine Störung mit Trennungsangst vor.

Sören: Die Störung mit Trennungsangst wird neuerdings zu den sogenannten Angststörungen gezählt, die in jedem Lebensalter auftreten können. Bis vor wenigen Jahren dachte man noch, dass Trennungsangst nur im Kindesalter vorkomme und vor dem sechsten Geburtstag beginnen müsse. Heute prüfen Fachpersonen wie Psychologinnen, Psychologen, Ärztinnen und Ärzte, ob die unangemessene, starke und belastende Angst seit mindestens vier Wochen andauert (bei Kindern) bzw. seit mindestens sechs Monaten (bei Erwachsenen).

Paula: Wenn dies der Fall ist, typische Kriterien vorzufinden sind und andere Erklärungen/Erkrankungen ausgeschlossen wurden, wird die Diagnose vergeben. Solche typischen Beschwerden (bzw. Kriterien für die Diagnose) bei Betroffenen können sein:

- Betroffene haben unrealistische und anhaltende Sorgen, dass der wichtigen Person etwas Schlimmes zustößt.
- Betroffene haben immer wieder starke Angst, wenn sie alleine zu Hause bleiben sollen.
- Betroffene weigern sich immer wieder, Schule oder Kindergarten zu besuchen, um bei der wichtigen Person zu bleiben.
- Betroffene weigern sich immer wieder, schlafen zu gehen, solange die wichtige Person nicht da ist oder wenn sie außer Haus schlafen sollen.
- Betroffene haben wiederholte Alpträume, in denen es um Trennung oder Zerstörung der Familie geht.
- Betroffene leiden wiederholt unter körperlichen Problemen (Übelkeit, Bauchschmerzen, Erbrechen oder Kopfschmerzen) vor oder während der Trennung, die aber nachlassen oder verschwinden, wenn die Trennung vorbei ist oder gar nicht zustande kommt.

Sören: Betroffene können unterschiedlich stark unter der Störung mit Trennungsangst leiden. Während manche Betroffene die Trennung gerade noch ertragen und „durchleiden“ können, können andere Betroffene kaum noch ihrem normalen Alltag nachgehen (z. B. die Schule besuchen).

Verlauf

Erlebt Hanna immer Angst?

Paula: Nein. Hanna erlebt Angst vor allem in Trennungssituationen oder wenn sie an zukünftige Trennungen denkt. Für Angsterkrankungen ist es typisch, dass bereits die bloße Erwartung des Auslösers (hier: Trennungssituation) zur Angstreaktion führt.
Sören: Es wird auch Wochen und Monate geben, in denen Hanna und andere Betroffene eine schwächere oder stärkere Trennungsangst empfinden. Man spricht von sogenannten Phasen, die kommen und gehen können. Wenn die Phasen öfter kommen oder länger dauern, kann sich die Angst in immer mehr Situationen zeigen, in denen es mehr oder weniger um Trennung geht. Dann spricht man von „Generalisierung". Betroffene vermeiden deshalb mitunter Flugreisen, Urlaube und Besuche bei Verwandten. Oft klagen die Betroffenen über Heimweh oder sorgen sich vor Unglück und Einbrechern. Wenn die Schule nicht mehr regelmäßig oder nur noch unter großer Belastung besucht wird, kann die Schulleistung schlechter werden. Auch Freundschaften leiden, so dass besonders Mädchen immer weniger Kontakt zu Gleichaltrigen haben und vereinsamen. Schlimmstenfalls verlieren die Betroffenen den Kontakt zur Welt außerhalb von Familie oder Partnerschaft. Besonders schwere Verläufe zeigen sich, wenn die Betroffenen weitere psychische Belastungen haben oder auch Behinderungen bzw. körperliche Erkrankungen. Leider entwickeln Betroffene überzufällig häufig auch in späteren Jahren noch andere Angststörungen, wie z. B. eine Panikstörung.
Paula: Aus diesen Gründen ist es wichtig, dass eine Trennungsangst rechtzeitig diagnostiziert und ernst genommen wird. Je früher Betroffene Unterstützung bekommen, desto besser und schneller kann ihnen geholfen werden und eine Verfestigung der Angst kann möglicherweise vorgebeugt werden.

Begleitende psychische Störungen: Auch das noch?

Leiden Betroffene wie Hanna noch unter anderen Problemen?

Sören: Mindestens jede*r dritte Betroffene leidet unter weiteren psychischen Beeinträchtigungen. Zu den gleichzeitig auftretenden psychischen Störungen gehören vor allem andere Angststörungen (ca. 30 % aller Betroffenen). Dazu zählen Panikstörungen, Generalisierte Angststörungen und spezifische Phobien. Panikstörungen zeigen sich beispielsweise durch wiederholte heftige Panikattacken und die folgende Angst vor erneuten Panikattacken. Manche Expertinnen und Experten vermuten, dass der Störung mit Trennungsangst und der Panikstörung ähnliche Ursachen zugrunde liegen. Dazu zählen belastende Lebensereignisse in der Kindheit, aktuelle Konflikte im Leben, Schwierigkeiten beim aushalten unangenehmer Gefühle und eine gesteigerte Angst vor Verlusten im Allgemeinen. Andere häufiger auftretende psychische Störungen sind Depressionen (30 %), aggressives und unsoziales Verhalten (20 bis 30 %), Aufmerksamkeitsstörung mit Hyperaktivität (20 bis 25 %) sowie seltener Essstörungen. Jugendliche Betroffene geraten mitunter in einen Kreislauf auf schädlichem Alkohol- und Medikamentenkonsum, weil diese Stoffe die Angst kurzzeitig abschwächen.

Erwachsene Betroffene leiden neben diesen Störungen außerdem noch gehäuft unter Posttraumatischer Belastungsstörung, sozialer Angststörung, Zwangsstörungen und mitunter auch Persönlichkeitsstörungen.

Sind Betroffene also vielfach erkrankt?

Sören: Das kann man so nicht verallgemeinern. Einige Betroffene werden keine zusätzlichen Probleme erleben. Fest steht, dass Betroffene ein höheres Risiko für weitere psychische Beschwerden haben. Wenn wir uns aber ganz besonders auf die Problembereiche konzentrieren, erhalten diese einen sehr großen Platz.

Paula: Statt Betroffenen zu „pathologisieren", also selbst normale Entwicklungen „durch die Trennungsangst-Brille" als krankheitsbedingt anzusehen, sollten wir Stärken der Betroffenen in den Bick nehmen. So erkennen wir schneller positive Entwicklungen. Wenn Betroffene dadurch Selbstwirksamkeit und Kontrolle erleben und eigene Stärken sogar noch ausbauen, schwächt das oft auch die Störung durch Trennungsangst und beugt weiteren Problemen vor.

Sören: Bildlich gesprochen wird die Pflanze im Garten wachsen, die ich mit besonderer Aufmerksamkeit gieße und pflege.

Entstehung: Eine Schuldfrage?

Ist jemand Schuld daran, dass sich starke Trennungsängste oder eine Störung entwickeln?

Sören: Nein. Eine Schuld lädt jemand auf sich, der etwas absichtlich falsch macht, obwohl er es besser wissen müsste und damit anderen bewusst schadet. Das können wir bei Trennungsängsten nicht erkennen. Deshalb ist aus unserer Sicht niemand an der Entwicklung einer Störung durch Trennungsangst Schuld.

Trennungsängste können durch mehrere Einflüsse verstärkt werden. Manche körperlichen Erkrankungen (z. B. Schilddrüsenerkrankungen) führen zu starken Angstreaktionen – allerdings nicht nur bei Trennungen, sondern in vielen verschiedenen aufregenden Situationen. Möglicherweise liegt auch eine erhöhte Empfindlichkeit gegenüber Kohlendioxid im Blut vor. Sind körperliche Erkrankungen ausgeschlossen worden, werden psychologische Erklärungen geprüft. Aktuelle belastende Lebensereignisse oder langandauernde Belastungen können Ängste auslösen, die sich dann problematisch entwickeln. Beispiele sind ein Schulwechsel, die Geburt eines Geschwisterkinds, der Auszug aus der Elternwohnung, ein Unfall oder eine schwere Krankheit. Wenn bestimmte Risiken vorliegen, fallen die Ängste stärker aus oder werden schlechter verarbeitet. Zu diesen möglichen Risiken zählt die Forschung: überängstliche oder überfürsorgliche Personen im nahen Umfeld, ausgeprägte Verhaltensinhibition der Betroffenen (d. h. Kleinkinder, die sehr scheu und sehr passiv auf Neues reagieren) sowie unsicheres und unflexibles Sozialverhalten der Betroffenen.

Sicher ist, dass sich Angststörungen wie die Störung mit Trennungsangst gehäuft in den gleichen Familien befinden. Dies könnte an der Vererbung körperlicher und psychischer Risikofaktoren liegen, an erlernten Angstbewältigungswegen oder an einer Mischung aus beidem.

Wie unterschiedlich können Bezugspersonen auf die Trennungsangst reagieren?

Sören: Wenn die Angst nun auftritt (meist noch nicht so stark wie im Verlauf einer voll entwickelten Angststörung), reagieren Betroffene und ihre Bezugspersonen unterschiedlich. Manche Ratschläge oder Lösungsversuche verstärken die Angst noch, manche ändern nichts am unangenehmen Gefühl, andere beruhigen zunächst und helfen doch nicht langfristig.

Einige Bezugspersonen reagieren auf die Angstreaktion der Kinder, indem sie Trennungssituationen immer seltener zulassen. Sie vermeiden dann genau so wie die Betroffenen Urlaube, bleiben mit dem Kind zu Hause oder begleiten es überall hin. Damit wird die Angstreaktion kleiner oder bleibt ganz aus. Andererseits fehlt den Betroffenen damit die Möglichkeit, die Angst als Teil von sich zu begreifen und den Umgang mit der Angst langsam zu erlernen. Ohne es zu wollen, sind manche Eltern und Kinder damit in einen Kreislauf aus Vermeidung und Angst geraten. Hier liegt offensichtlich keine Schuld vor, weder bei den Betroffenen noch bei den Eltern. Vielmehr versuchen beide, die Belastung zu reduzieren, haben aber noch nicht „den besten Weg“ dazu gefunden.

Paula: Andere Bezugspersonen drängen ihre Kinder in die Situationen, in denen diese unverhältnismäßige Angst empfinden. Diese Bezugspersonen nehmen die Angst der Kinder oft nicht ernst. Es wäre hier wichtig, dass sie geschult werden, unangemessene Angst als das zu sehen, was sie ist: eine Erkrankung. Wenn ein betroffenes Kind in eine Situation gezwungen wird, gar mit Drohungen oder emotionalem Druck, kann dies sogar zur Verfestigung der Angst führen. Das Kind kann in einer solchen Situation totale Kontrolllosigkeit bzw. einen Vertrauensbruch erleben und dadurch die Situation als etwas Traumatisches empfinden. Das Gefühl der Kontrolllosigkeit liegt übrigens auch diversen anderen psychischen Beeinträchtigungen zugrunde.

Gut zu wissen! *Paula:* Im Umgang mit einem Kind, das unter Trennungsangst leidet, ist eine respektierende, akzeptierende und unterstützende Einstellung immens wichtig. Weder „Schonhaltung" noch autoritäres Befehlen sind hier angesagt. Wichtig ist es, mit dem Kind gemeinsam der Angst zu begegnen – Schritt für Schritt, in einem für das Kind angemessenen Tempo.

Möglichkeiten, als Bezugsperson aktiv zu werden

Paula: Als Gesellschaft tragen wir gemeinsam Verantwortung dafür, dass Personen mit ihren Beeinträchtigungen und mit ihren Erkrankungen Teilhabe erleben können und nicht ausgeschlossen oder diskriminiert werden, auch nicht während einer Krankheitsphase.

Jeder kann dazu beitragen, das Stigma der psychischen Erkrankungen zu brechen, in dem man Wissen diesbezüglich vermittelt, das Thema offen und positiv mit anderen bespricht und auch mit den eigenen psychischen Problemen offen und akzeptanzorientiert umgeht. Wenn eine Person im nahen Umfeld diskriminiert wird, ist Zivilcourage angesagt. Schaue nicht nur zu, sondern werde aktiv und stehe Betroffenen zur Seite! Nur so können wir nach und nach einen Einfluss darauf haben, dass die Gesellschaft toleranter wird. Auch den Kindern kann

bereits im jungen Jahren beigebracht werden, wie man in solchen Situationen am besten reagiert und wie Betroffene in der Situation unterstützt werden können. In den Bereichen Schule, Studium und Arbeit gibt es zudem das Werkzeug „Nachteilsausgleich“, das die Teilhabe auch rechtlich gesehen ermöglichen soll. Leider sind wir noch nicht soweit, dass dies flächendeckend akzeptiert und eingesetzt wird, wenn es um Angsterkrankungen geht.

Das Stigma der Angsterkrankungen haftet unglücklicherweise immer noch stark in Köpfen mancher Menschen und wird als „Teil der Persönlichkeit" fehlinterpretiert. Manche Entscheidende verweigern dann, den Betroffenen die nötige Hilfe in Form eines Nachteilsausgleiches zu genehmigen. Dies ist institutionelle Diskriminierung, die wir als Gesellschaft leider noch nicht überwunden haben. Diese Benachteiligung von erkrankten Menschen geschieht leider trotz ärztlicher Atteste.

Wegen eines veralteten Präzedenzfalles aus den 80er Jahren des vorigen Jahrhunderts bekommen „die Verweigernden" vor Gericht sogar noch Recht, wenn die Betroffenen gegen diese ungerechte Entscheidung gerichtlich vorzugehen versuchen. Der Missstand beruht wiederum darauf, dass Angsterkrankungen (so wie wir sie heute verstehen) erst Jahre nach dem erwähnten Präzedenzfall als Krankheiten in die diagnostischen Leitlinien der Psychiatrie (das sogenannte DSM) aufgenommen wurden und als solche „akzeptiert" wurden.

Bei Entscheidungen vor Gericht beachten die Juristinnen und Juristen aber leider nur diesen, nach dem damaligen Krankheitswissen nach auch „korrekten", Präzedenzfall und ignorieren dabei völlig die Tatsache, dass es sich hierbei *nicht* um einen „Teil der Persönlichkeit" handelt, sondern tatsächlich um eine Erkrankung.

Andere Institutionen genehmigen Nachteilsausgleiche auch bei einer Angsterkrankung problemlos. Daher lohnt es sich also in vielen Fällen, einen Antrag zu stellen, wenn Betroffene diese Art von Hilfe brauchen. Mit einem Nachteilsausgleich ist es zum Beispiel möglich, Prüfungen schriftlich statt mündlich abzulegen, mehr Zeit für die Prüfung zu erhalten, von einer Assistentin bzw. einem Assistenten begleitet zu werden und andere Modifikationen im Schul-, Studien- und Arbeitsleben genehmigt zu bekommen, die die Teilhabe ermöglichen.

Seit einigen Jahren erheben sich immer mehr Stimmen gegen diese Missstände, um den Nachteilsausgleich zu ändern. Sie sollten mit allen Kräften unterstützt werden. Auch wir bei Mindcolors sehen dies als unsere Mission.

Behandlungsmöglichkeiten: Wir haben doch schon alles versucht?!

Sören: In Mit diesem Buch unternehmen wir vier den Versuch, aufzuklären und Vorurteile abzubauen, da nach wie vor viele Betroffene gar keine Behandlung in Anspruch nehmen und weiter leiden.

Gibt es eine Behandlung, die uns definitiv hilft?

Sören: Das kann man so leider nicht mit Gewissheit sagen. Es wird weiter geforscht, welche Behandlungen am besten wirken und für wen sie geeignet sind. Am besten erforschte Psychotherapien sind die sogenannte KVT und die VT.

Paula: Welche Bestandteile einer Therapie im Detail helfen werden, ob überhaupt und wem sie helfen, das kann man leider nicht vorhersagen. Auch Spontanremissionen sind bei Angsterkrankungen immer wieder vorzufinden. Das Allerwichtigste ist aber, sich dessen im Klaren zu sein, dass Betroffene auch *mit* einer Angsterkrankung glücklich leben können, egal was die Zukunft mit sich bringen mag.

Sören: KVT (Kognitive Verhaltenstherapie) ist die Abkürzung für eine bestimme Psychotherapie mit drei wichtigen Bestandteilen K–V–T: die Angstgedanken und katastrophalen Sorgen (Kognitionen = K) werden offen angesprochen und hinterfragt, das entlastet die Betroffenen und nimmt ihren Sorgen den Schrecken. Die Angstreaktionen (Verhalten = V) werden gemeinsam mit den Therapierenden erkannt und in Verbindung zu Gedanken und angstauslösenden Situationen gebracht. Das Ganze ist ein geprüftes und anerkanntes Behandlungsverfahren (Therapie = T), in dem Betroffene erleben, dass ihre Gedanken, Körperempfindungen und Reaktionen kein Grund zur Scham sind, sondern erklärbar und beeinflussbar sind. Leider sind die dazugehörigen wissenschaftlichen Überprüfungen noch nicht abgeschlossen, so dass u. a. noch unklar ist, ob die für alle Angststörungen entwickelte allgemeine KVT speziell für Betroffene einer Störung mit Trennungsangst helfen. Zumindest für fünf- bis siebenjährige Betroffene gibt es aber eine KVT mit oder ohne Extragesprächen für Eltern, die bei drei von vier Kindern die Störung teilweise oder ganz bekämpft hat.

Es kann auch eine Kombination von verhaltenstherapeutischen Therapietechniken (VT) eingesetzt werden. Mitunter dient der/die Therapeut*in als Vorbild oder verteilt Bonuspunkte, für die sich die Betroffenen später etwas Schönes wünschen können (Kontingenzmanagement). Bei der VT werden typischerweise die angstauslösenden Situationen in Gedanken oder persönlich aufgesucht, um das Aushalten der Angst zu erlernen und das Abklingen der Angst zu erleben (sogenannte systematische Desensibilisierung bzw. Exposition).

Gut zu wissen! *Paula:* Bei systematischen Desensibilisierung ist es wichtig, stets die Grenzen des Kindes zu respektieren und mit dem Kind die Schritte gemeinsam zu planen.

Sören: Bewährt hat sich eine Kombination dieser Techniken. KVT und VT wirken oft nicht sofort, sondern typischerweise erst nach mehreren Sitzungen bzw. Wochen.

Paula: Auch im Bereich alternative Therapieformen gibt es positives zu berichten. Gerade bei Angsterkrankungen haben Studien gezeigt, dass mit Yoga sehr gute Behandlungsergebnisse erzielt werden.

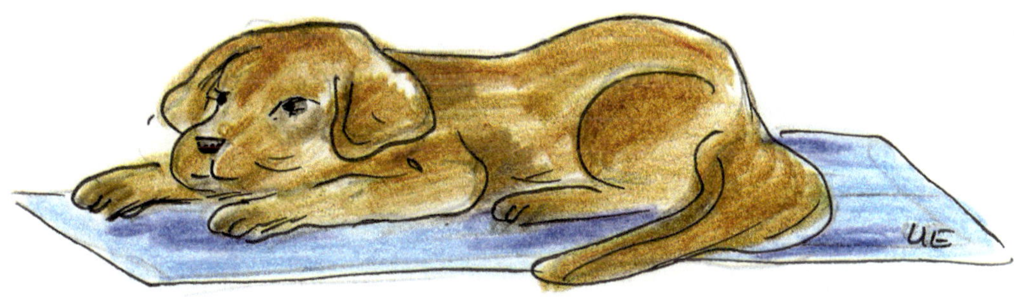

Empfehlt ihr Psychotherapie?

Paula: Psychotherapie ist nicht gleich Psychotherapie. Das Gelingen einer Therapie hängt sehr davon ab, wie sich die therapeutische Beziehung zwischen Betroffenen und Behandelnden gestaltet. Es ist wichtig, dass diese Beziehung von Empathie, Akzeptanz und Kongruenz geprägt ist, sagt Carl Rogers, einer der Begründer der humanistischen Psychotherapie.

Sören: Es gibt offizielle Empfehlungen, sogenannte Behandlungsleitlinien (siehe Weblinks zur „AWMF" am Ende des Fachteils). Je nach Schwere der Störung wird eine andere Behandlung angeraten. Betroffenen mit weniger starken Formen der Störung (die z. B. die Trennungssituationen immerhin aushalten können bzw. noch Kita oder Schule besuchen) werden wöchentliche „ambulante" Beratungsgespräche empfohlen. Dabei wird über Ängste, Angstbewältigung und Trennungen aufgeklärt. Die Selbstständigkeit des Kindes wird gestärkt. Unbelastete Eltern werden bei Gesprächen einbezogen. Belasteten Eltern werden Möglichkeiten zur Beratung oder Therapie vermittelt. Auch unrealistische Überzeugungen werden dabei angesprochen, wie z. B. „Mein Kind muss angstfrei aufwachsen" oder „Wenn mein Kind in der Schule über körperliche Beschwerden klagt, muss es immer nach Hause geschickt werden". Ziel ist die Ausweitung des Schulbesuchs auf die volle Stundenanzahl innerhalb von vier Wochen, auch wenn anfangs der Schulbesuch eingeschränkt werden kann. Nicht zu empfehlen sei eine Befreiung vom Schulbesuch durch die Behandelnden oder das dauerhafte Zulassen eines Schulbesuchs mit reduzierter Stundenanzahl.

Paula: Ich denke, dass gerade zu Therapiebeginn einige Tage anhaltende Befreiung durchaus befürwortbar sein kann, bevor man mit der systematischen Desensibilisierung beginnt. Die Entscheidung muss natürlich je nach Einzelfall getroffen werden.

Sören: Betroffenen mit schwereren Formen der Störung sollten laut Leitlinien eine KVT erhalten. In der KVT lernen Betroffene nicht nur, dass man eigene Ängste beeinflussen kann, sondern sie stärkt auch die Selbstständigkeit des Kindes und seinen Glauben an die eigenen Kräfte (Selbstwirksamkeitsüberzeugung). Wenn diese keine ausreichende Entlastung bietet, soll eine Familientherapie stattfinden. Dazu werden die Eltern aktiv einbezogen und familiäre Abläufe werden besprochen. Die Sorgen der Eltern spielen eine wichtige Rolle. Gemeinsam werden Veränderungswege entdeckt, in geschützter Umgebung ausprobiert und im Alltag geübt. Bei erwachsenen Betroffenen wäre es hier denkbar, den/die Partner*in mit einzubeziehen. Wenn das Ziel eines vollständigen Besuchs von Kita, Schule oder Arbeit nicht erreicht wird, ist aus Sicht der Leitlinien auch eine stationäre Therapie möglich, die in Einzelfällen durch die Gabe von Antidepressiva ergänzt werden kann. Es kommt also durch den Klinikaufenthalt zu einer abrupten Trennung zwischen Kind und Bezugspersonen. In Lehrbuchkapiteln wird dazu angegeben, dass sich die Symptomatik schnell mildere in den ersten Wochen der Behandlung.

Paula: Das kann ich so nicht unterstützen, insbesondere wenn die stationäre Behandlung eines noch sehr kleinen Kindes *gegen seinen Willen* geschieht. Hierbei besteht die Gefahr, dass das durch die stationäre Behandlung sowieso schon vorhandene Gefühl der Kontrolllosigkeit gefördert wird, was bis zu einer Traumatisierung führen könnte und damit die Angst sogar noch verfestigen könnte. Auch Antidepressiva möchte ich für Kinder nicht empfehlen, weil ich aus eigener Erfahrung weiß, dass ein Absetzen zu deutlichen Absetzerscheinungen führen kann. Es mag sein, dass die Leitlinien solche Empfehlungen aussprechen. Ich schätze sie an der Stelle dann aber als fraglich ein.

Sören: Ich wünsche mir, dass neue Konzepte entwickelt werden, die eine vollstationäre Behandlung überflüssig machen. Aus den Behandlungskonzepten für Menschen mit Abhängigkeiten, z. B. von Alkohol, habe ich gelernt, dass Betroffene und Behandelnde zufriedenstellende Wege finden, wenn sie die Motivation, sich behandeln zu lassen, als Therapieziel verstehen – und nicht als Voraussetzung oder zu erzwingende Notwendigkeit.

Wenn eine Behandlung einmal angeschlagen hat – haben wir es dann endlich überstanden?

Sören: Es ist nicht unüblich, dass die Trennungsängste oder sogar die Störung später erneut auftreten. Da kann es helfen, wenn Betroffene und Angehörige sich früher schon darauf vorbereitet haben. Kramen Sie ruhig nochmal die besten Helfer und Methoden aus der Therapie heraus. Treten Sie in Kontakt mit den Behandelnden von damals. Allein das Wissen um die angstauslösenden Situationen (z. B. Krankheiten, Trauerfälle, Schulferien) wappnet uns vor zukünftigen Problemen – besonders, wenn wir empfundene Belastungen ernstnehmen und ihnen aktiv begegnen.

Tipps für Erziehende und Lehrende

Ich habe beruflich mit Betroffenen zutun – wie soll ich mich verhalten?

Sören: Es wird empfohlen, Erziehende bzw. Lehrende in die Behandlung einzubeziehen. In dem Fall melden sich Eltern oder Behandelnde bei Ihnen. Sie können dann zur Problemklärung und Ursachenfindung beitragen, indem Sie aus Ihrer Sicht beschreiben, wie sich der/die Betroffene in Kita oder Schule verhält und welche Stärken bzw. Probleme Ihnen aufgefallen sind. Bleiben Sie offen für Vorschläge der Behandelnden, wie z. B. die Betroffenen nicht sofort von den Eltern abholen zu lassen, wenn diese körperliche Beschwerden spüren. Nehmen Sie die Beschwerden trotzdem ausreichend ernst!

Paula: Seien Sie authentisch für das Kind da. Die Angst und die Symptome sind weder eingebildet noch sind sie vom Kind absichtlich herbeigeführt worden. Es handelt sich um eine Erkrankung, seien Sie sich dessen immer bewusst.

Sören: Wenn Interesse besteht und das Klassenklima dazu geeignet ist, kann das Thema „Angst" als Unterrichtseinheit besprochen werden, ohne dass die Betroffenen dabei explizit angesprochen werden. Wenn es Teil der Therapie sein sollte, könnte auch eine Konfrontation (d. h. Exposition oder Desensibilisierung) im Kita- oder Schulumfeld bzw. Klassenraum geplant werden, wo Ihre

Unterstützung besonders wertvoll sein kann. Tauschen Sie sich mit den Behandelnden aus, ab wann ein regelmäßiger Kita- oder Schulbesuch realistisch zu erwarten ist. Besprechen Sie gemeinsam, welches Verhaltensziel mit den Betroffenen vereinbart wurde (z. B. mindestens drei Schulstunden am Tag anwesend zu sein), um dies dann zu dokumentieren und den Betroffenen die therapeutische Belohnung zu ermöglichen.

Prävention: Wie stärke ich mich und meine Kinder?

Soll jede Angst bekämpft und vermieden werden?

Sören: Eben nicht. Ängste zeigen an, dass wir etwas als herausfordernd empfinden. Wenn wir beispielsweise unsere Sorgen mit Alkohol oder anderen Drogen dämpfen oder in unserer Aufregung aggressiv werden, signalisieren wir damit „so geht man eben mit Stress und Angst um“. Wenn wir wiederum jeder Gefahr begegnen und jedes Risiko eingehen, verliert die Angst ihre Bedeutung. Dann verhalten sich auch die Kinder rücksichtslos gegen ihre eigenen Bedürfnisse und gegenüber den Bedürfnissen anderer. Es ist also auch *keine* Lösung, jede Angst kleinzureden und uns „abzustumpfen“ nach dem Motto: Sei einfach mutig!

Paula: Ängste haben einen Sinn – auch wenn wir oft nicht sofort wissen, wie wir damit umgehen können. Als Erwachsene sind wir hier für die Kinder ein Vorbild. Es ist also daher sehr wichtig, dass wir einen guten Mittelweg finden. Weder sollten wir die Ängste bagatellisieren noch unterdrücken oder das Problem/die Ängste zu stark in den Fokus setzen und übermäßig behutsam werden. Es ist wichtig, die Angst zu akzeptieren, anzunehmen und zu lernen, mit ihr umzugehen. Ängste sind etwas völlig Normales und jeder Mensch hat Angst – ob man das nun zugeben möchte oder nicht (nur in ganz seltenen Fällen wie beim Urbach-Wiethe-Syndrom empfindet man tatsächlich keinerlei Angst mehr, da die dazu nötigen Gehirnstrukturen zerstört sind).

Gut zu wissen. Den Kindern zu vermitteln, dass Angst zu haben nicht schlimm ist, ist eine wichtige Aufgabe der Erwachsenen. Schon alleine dieses Wissen kann das Kind stärken und zum offenen Umgang mit der Angst ermutigen.

Es wird im Leben eines jeden Menschen immer schwierige Phasen geben. Diese Phasen bieten oft die Wachstumsfläche für Ängste, Angsterkrankungen und auch für andere psychische Beeinträchtigungen. In solchen Lebensphasen und Situationen ist es wichtig, die Ressourcen der Betroffenen zu stärken und zu aktivieren. Denn das, worauf wir uns konzentrieren, wächst!

Je nach Betroffenen sehen die Ressourcen anders aus. Was könnten das bei Dir oder bei Deinem Kind sein?

____

____

____

____

Hinweis: In unserem Kinderfachbuch „Dani und die Dosenmonster" haben wir dazu eine Ressourcenaktivierungskarte entwickelt

Hilfreiche Internetlinks

Internetadressen für Kinder und Jugendliche

www.bke-beratung.de (kostenlose und anonyme Beratung für Jugendliche)
www.gefuehle-fetzen.de (Zusammenhang von Gefühlen und psychischen Problemen)
www.telefonseelsorge.de (0800/111 0 111) oder www.nummergegenkummer.de (116 111)

Internetadressen für erwachsene Angehörige

www.angstselbsthilfe.de (Verein der Deutschen Angstselbsthilfe mit eigener Zeitschrift und Online-Beratung „DASH")
www.bapk.de/angebote.html (Interessenvertretung für Angehörige psychisch Erkrankter)
www.bke.de (deutschlandweite Übersicht zu Erziehungsberatungsstellen)
www.bke-beratung.de (kostenlose und anonyme Beratung für Eltern)
www.telefonseelsorge.de (0800/111 0 111), www.nummergegenkummer.de (0800/111 0 550)

Einige Verlage, die spezielle Literatur von und für Betroffene, Kinder und Angehörige anbieten:

www.dgvt-verlag.de
www.balance-verlag.de
www.mabuse-verlag.de
www.psychiatrie-verlag.de

Weiterführende Fachliteratur, die dem Fachteil zugrunde liegt

Bandelow, B. & Linden, M. (2018). Angsterkrankungen – Panikstörung, soziale und generalisierte Angststörungen (ICD-10 F4). In DGPPN, U. Voderholzer & F. Hohagen (Hrsg.), *Therapie psychischer Erkrankungen. State of the Art* (13. Aufl.). Elsevier.

Bandelow, B. et al. (2014). *Deutsche S3-Leitlinie Behandlung von Angststörungen. AWMF-Reg.-Nr. 051-028.* Online verfügbar unter: www.awmf.org/leitlinien.html

Blatter-Meunier, J. & Schneider, S. (2011). Trennungsangstprogramm für Familien (TAFF): Ein störungsspezifisches, kognitiv-behaviorales Therapieprogramm für Kinder mit Trennungsangst. *Praxis der Kinderpsychologie und Kinderpsychiatrie, 60* (8), 684–690.

Deutsche Gesellschaft für Kinder- und Jugendpsychiatrie und Psychotherapie et al. (Hrsg.). (2007). *Leitlinien zur Diagnostik und Therapie von psychischen Störungen im Säuglings-, Kindes- und Jugendalter. AWMF-Reg.-Nr. 028-022* (3., überarbeitete Aufl.) (S. 291–302). Köln: Deutscher Ärzte Verlag. Online verfügbar unter: www.awmf.org/leitlinien.html

Knappe, S., Herrmann, J., Schepper, F. & Schmitz, J. (2021). Psychische Störungen des Kindes- und Jugendalters. In J. Hoyer & S. Knappe (Hrsg.), *Klinische Psychologie und Psychotherapie* (3. Aufl.) (S. 771–812). Heidelberg: Springer.

Sommer, K., Lippert, M. W., Schuck, K. & Schneider, S. (2019). Nicht ohne Dich! – Störung mit Trennungsangst. *PSYCH up2date, 13* (1), 39–54. doi:10.1055/s-0043-119478

Notizen

Notizen

Notizen

Die Bücherreihe der Initiative Mindcolors